이완주

서울대학교를 졸업하고, 같은 대학교 대학원과 네덜란드 와게닝겐 국립농과대학교에서
각각 토양화학과 식물영양학으로 석사 학위를, 서울대학교 대학원에서 식물영양학으로 박사 학위를 받았다.
〈이완주 토양병원〉원장과 국제사이버대학 교수로 활동하고 있으며, 서울대, 성균관대, 중앙대 등에서
토양학을 강의하고, 전국 농업기술센터의 농민대학과 최고경영자과정에서도 꾸준히 강의를 하고 있다.
한국토양비료학회 종신회원이기도 한 그는 어려운 흙과 비료의 세계를 알기 쉽게 풀어 설명하는 것으로 유명하다.
농촌진흥청 농업과학기술원 잠사곤충부장으로 33년간 일하면서 식물이 음악을 듣는다는 사실을 확인하고
'그린음악농법'을 만들었다. 책으로 《흙을 알아야 농사가 산다》, 《흙, 아는 만큼 베푼다》,
《그린음악농법》, 《베란다 식물학》 등이 있다.

한상언

홍익대학교에서 시각디자인을 공부했으며, 지금은 다양한 어린이책에 그림을 그리고 있다.
독창적인 캐릭터와 유머러스한 그림 표현으로 어린이들에게 책 읽는 즐거움을 주는 작가이다.
이 책에 그림을 그리면서 흙을 직접 만져 보고 흙냄새도 맡으며 채소를 키우다 보니 식물을 자라게 하는
흙의 생명력에 신비로움을 느끼게 되었다. 그린 책으로 《까불지 마, 난 개미귀신이야!》, 《자꾸 울고 싶어》,
《아빠와 아들》, 《엄마 왜 그래》, 《북경 거지》, 《울퉁불퉁 화가 나》, 《무지개떡 괴물》 등이 있다.

네버랜드 자연학교
흙 편을 즐기는
7가지 단계

안녕 흙	호기심을 자극하는 질문을 던져요.
반가워 흙	일상에서 볼 수 있는 흙 이야기를 만나요.
궁금해 흙	가까운 흙 세상을 둘러보며 흥미를 돋워요.
놀라워 흙	흙의 신기하고 재미난 점들을 알아 가요.
생각해 흙	흙을 깊고 넓게 들여다보며 생각해요.
즐기자 흙	흙을 느낄 수 있는 다양한 놀이를 즐겨요.
지키자 흙	흙을 아끼고 지키는 방법을 나누어요.

흙 속 세상은 놀라워

네버랜드 자연학교

이완주 글 · 한상언 그림

시공주니어

흙은 더러울까?
깨끗할까?

반가워 흙

아프리카에 사는 어떤 침팬지는 독이 있는 식물을 진흙에 섞어서 껌처럼 씹어 먹는대.

우아, 신기하다! 근데 왜 흙을 먹는 거지?

흙이 몸속 기생충을 없애고 병균을 꼼짝 못하게 만든대.

와, 흙에 그런 능력이 있어?

집에 가서 흙의 비밀을 더 파헤쳐 보려고…….

뭐 하는 거야?

우리가 사는 땅을 한번 둘러보아요. 무엇으로 이루어져 있나요?
빌딩이 많은 도시는 대부분 시멘트로 덮여 있어요.
시멘트 때문에 잘 보이진 않지만, 그 아래엔 흙이 있어요.
공원이나 풀밭에 가면 흙을 좀 더 쉽게 볼 수 있지요.

식물을 기를 때는 흙이 꼭 필요해요.
그럼 흙은 어디서 구할까요?

**바윗돌 깨뜨려 돌덩이
돌덩이 깨뜨려 돌멩이
돌멩이 깨뜨려 자갈돌
자갈돌 깨뜨려 모래알**

바윗돌이 깨져 흙이 된다는 노래예요.
이 노래처럼 바위를 깨뜨려 흙을 만들면 될까요?

바위와 흙은 용암에서 태어난 한 가족이고, 우리가 사는 땅을 이루고 있어요.
그런데 다른 점은 바위와 달리 흙은 살아 있다는 거예요.
흙이 살아 있다는 말은 무슨 뜻일까요?
사람이 산소를 마시고 이산화탄소를 뱉는 것처럼 흙도 숨을 쉰답니다.
흙 알갱이에는 우리 눈에 보이지 않는 아주 작은 생물, 즉 미생물들이 살고 있어요.
이 미생물들이 숨을 쉬며 살기 때문에 흙은 살아 있는 셈이죠.
그래서 풀과 나무, 곤충과 동물 등 다양한 생명들이 흙 속에서 살아갈 수 있는 거예요.

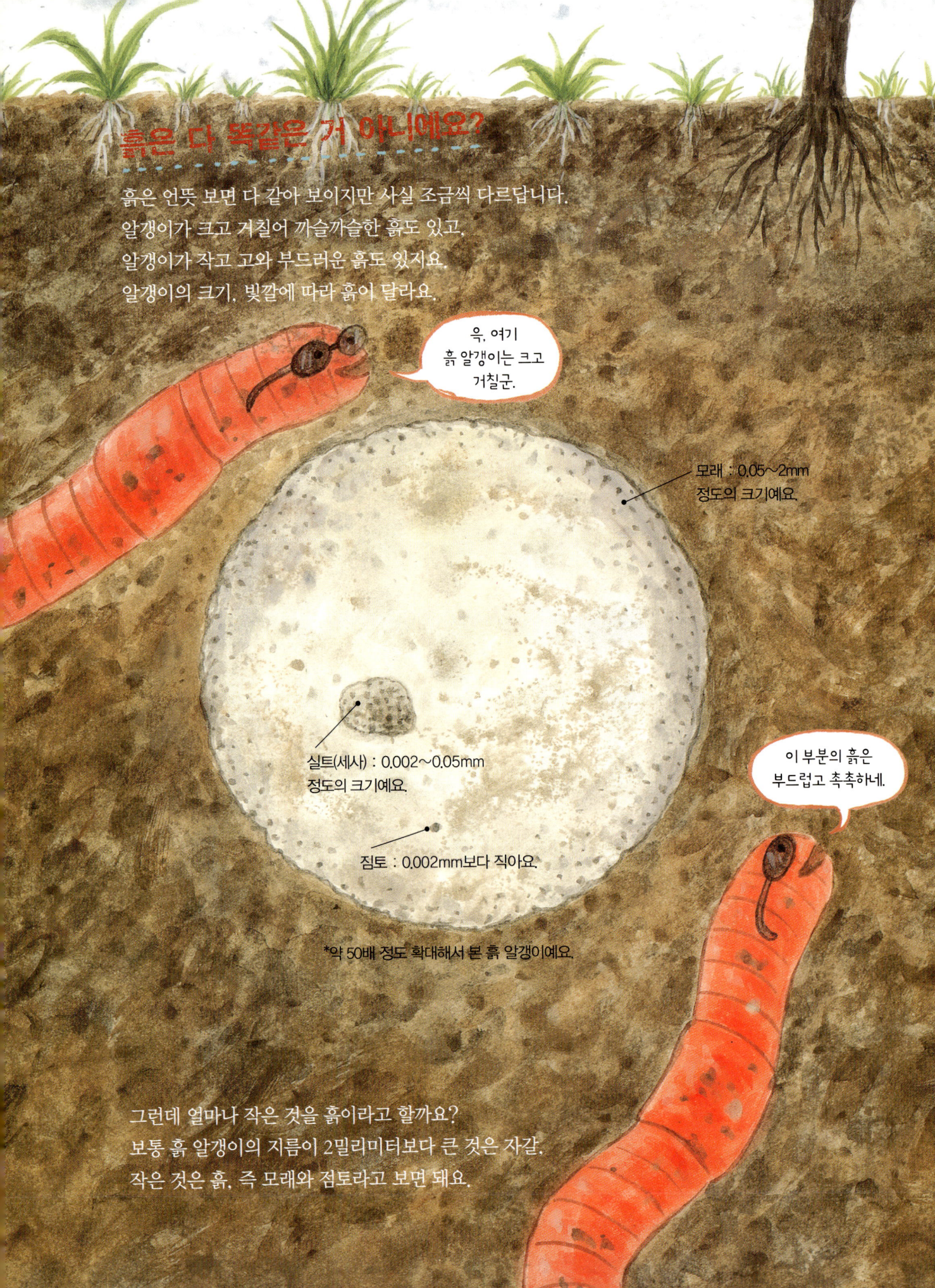

장소에 따라서도 흙의 색깔이 달라요. 우리 주위에서 쉽게 보는 흙은 갈색이에요.
그런데 숲에 가면 흙이 유난히 검은 것을 볼 수 있어요.
또 어떤 곳에는 붉은색을 띠거나 하얀색을 띠는 흙도 있지요.

황토에서 자랐으니 이게 바로 황토배기 고추로군.

흙의 빛깔이 검은색이면 틀림없이 영양분이 많은 땅이에요.
낙엽이 썩어서 흙 속에 남으면 검은색을 띠기 때문이에요.

붉은색을 띠는 황토는 우리나라에서 가장 흔한 흙이에요. 오랜 세월 동안 빗물에 씻겨 철분만 남게 되어 붉은색을 띤답니다.

검은 흙   붉은 흙   하얀 흙

도자기 등을 굽는 데 쓰는
하얀색 또는 회색의 흙을 고령토,
혹은 백토라고 해요.
주로 경상남도 하동에서 많이 나요.

이걸로 하얀 도자기도 만들고 화장품, 종이도 만든다고 하더군.

우리나라 백토가 세계적으로 아주 우수하대.

흙에도 숨구멍이 있다고요?

흙은 바위가 부서져서 만들어졌지요.
그런데 흙이 되면 바위보다 공간을 차지하는 크기(부피)가 몇 배로 늘어나요.
흙 알갱이 사이사이에 공간이 생겨서예요.
이 공간에 흙 속 생물들이 숨 쉬는 공기와 마실 물이 들락날락한답니다.
식물은 그 공간에 뿌리를 뻗고 쑥쑥 자라지요.
그야말로 숨구멍처럼 산소와 이산화탄소가 들락날락해서
생물들이 자라는 터전이 되어요.

이산화탄소

식물의 뿌리

흙을 너무 꾹꾹 밟으면 알갱이 사이의 공간이 사라지면서 뿌리에 필요한 공기와 물이 줄어들게 돼.

공기

양분이 있는 흙 알갱이

이산화탄소가 많이 나오는 흙은 식물의 뿌리와 미생물들이 많다는 증거지.

물

흙이 죽을 수도 있어요?

사람들은 농사가 잘 되지 않으면 "흙이 죽었다"고 말해요.
그러나 흙은 절대 죽는 일이 없어요.
무수한 미생물들이 살고 있기 때문이에요.
그래서 지구에서 지난 50만 년 동안 살아온 인간은
지금까지도 계속 흙에 농작물을 심고 거두며
먹고살 수 있었어요.

원시 시대에는 돌괭이로 땅을 일구고 곡식, 채소 등을 심었어요.

농경 시대에는 가축을 이용해 밭을 갈아 농사를 지었어요.

모래가 많으면 밭 갈기는 쉽지만 양분이나 물을 잘 가둬 두지 못해. 밭농사 흙에는 모래와 점토가 반반 섞이는 게 좋아.

현대에는 트랙터 등 각종 기계를 이용해 땅을 갈고 농사를 지어요.

나뭇잎에는 질소, 인산, 철, 구리 같은 성분이 60여 가지나 들어 있어. 이것들이 흙 속에 녹으면 식물들은 뿌리로 빨아들여 잎과 열매와 씨를 만드는 데 쓰지.

이…제 나도… 나뭇잎과 함께 흙…으로 돌아가는구나.

가을에 나뭇잎이 우수수
떨어지는 걸 보았나요?
나뭇잎이 흙에 떨어지고 풀이나
죽은 곤충들이 흙 속에 묻히면, 미생물이 동식물들을
잘게 부수고, 흙에 영양분이 차곡차곡 채워져요.
나무와 풀은 흙에 쌓인 영양분을 먹고 자라요.
곤충과 동물과 사람은 싱싱하게 자란 풀과 열매를 먹고 살고요.
동물의 배설물과 죽은 시체가 흙 속으로 들어가면,
미생물이 다시 이걸 잘게 부수고, 식물들은 흙 속 영양분을
먹고 자라요. 이렇게 흙은 생명이 돌고 돌아 함께
살아갈 수 있도록 도와준답니다.

풀이 아주 싱싱하구나.

엄마, 내가 똥을 눈 자리에서 풀이 쑥쑥 자랐어요.

흙이 좋으니까 열매도 잘 열리네.

흙이 모든 것을 키워요

흙은 무엇이든 말없이 받아들이고 끌어안습니다.
하늘에서 비가 내리면 그 빗물이 흙 속에 스며들지요.
먹다 남은 음식물 등을 땅에 묻으면
미생물들이 감쪽같이 분해해 영양분을 만들어요.

흙은 빗물을 저장했다가 나중에 식물의 뿌리에 공급해 주어요.

거름이 될 만한 음식물(채소의 잎, 뿌리 등 유기물)을 모아 땅에 뿌리면 흙 속 미생물이 분해해 양분을 만들어 흙을 기름지게 만들어요. 하지만 음료수 캔, 패트병, 비닐 봉투는 미생물이 분해를 못해 썩지 않으니 흙 속에 버리면 안 돼요.

흙은 물과 영양분으로 채소와 곡식 등
생명이 있는 것들을 무럭무럭 키워 냅니다.
그래서 흙을 생명의 어머니라고 말해요.

"올해도 배추 농사가 잘 되었군."

"농부 아저씨가 기뻐하시겠네."

흙은 채소나 곡식이 쓰러지지 않게 뿌리를 붙잡아 주고, 식물이 자라기에 적절한 온도를 유지해 주어요.

흙에 따라 꽃 색깔이 달라져요

수국이 심어진 두 화분이 있어요. 분명 같은 꽃인데, 색깔이 달라요. 하나는 파란색이고, 하나는 분홍색이지요. 왜 색깔이 다를까요? 바로 흙의 성질이 다르기 때문이에요. 파란색 수국 꽃이 핀 흙은 식초를 탄 물을 부은 산성 흙이에요. 분홍색 수국 꽃이 핀 흙은 석회나 재를 뿌린 알칼리성 흙이고요. 만약 파란색 수국 화분에 석회나 재를 뿌리면, 새로 피는 꽃은 분홍색이 되어요. 또 분홍색 수국 화분에 질산이나 인산을 물에 타서 뿌리면, 파란색 꽃이 피지요. 이처럼 흙의 성질이 바뀌면 꽃 색깔도 달라질 수 있답니다.

산성 흙에 핀 파란 수국   알칼리성 흙에 핀 분홍 수국

소나무처럼 영양분이 적은 척박한 흙에서 자라는 나무가 있는가 하면,
참나무처럼 영양분이 많고 비옥한 흙에서만 잘 자라는 나무도 있어요.
또 한강이나 낙동강 근처 물이 고인 웅덩이 주변을 살펴보면,
유난히 버드나무가 많은 것을 볼 수 있지요.
버드나무는 물기가 있는 흙을 좋아하거든요.
이렇게 자라는 나무만 보고도 흙의 상태가 어떤지 알 수 있어요.

이런 높은 바위산에 소나무가 뿌리를 튼튼히 뻗고 있네.

우리나라 산에서 가장 많이 볼 수 있는 게 소나무와 진달래인데, 요즘엔 흙이 비옥해져서 진달래가 많이 사라졌대.

벼를 가꾸는 논에 가장 좋은 흙은 점토예요. 점토는 공기가
잘 안 통하고 밭 갈기는 어렵지만, 영양분과 물을 잘 가둬 두거든요.

나라마다 다른 흙

흙은 지역과 환경에 따라, 또 나라마다
조금씩 달라요. 원래 흙이 좋은 나라도 있지만,
그렇지 않은 나라도 있지요. 우리나라는
주로 황토로 이루어져 있어요.
황토는 철분은 많고 영양분은 적은
아주 늙은 흙이지요.

우리나라는 대부분 황토야.

 중국은 경작할 수 있는 땅이 15%밖에 안 돼요. 점점 사막화가 되고 있어서 풀과 나무를 심어 땅을 비옥하게 만들려고 하지요.

 땅덩어리가 넓은 미국은 대부분 영양분이 많고 기름진 검은 흙이에요. 전체 땅의 80%가 농사지을 수 있는 비옥한 땅이지요.

 일본 흙도 검은 빛을 띠는데, 검은 화산재가 풍화되어 만들어졌지요. 우리나라 황토보다 영양분이 3배나 높아 농사짓기에 좋아요.

우리 조상들은 영양분도 적고 척박한 흙에서
어떻게 농사를 지어 먹고살았을까요?
농사짓기 힘든 거친 땅을 부지런히 일구고, 땅을 건강하게
만들어 줄 영양제를 일 년 내내 만들어 흙을 기름지게 했어요.
영양제는 가축의 배설물과 풀을 섞어 썩혀 만들었지요.
오랜 시간과 정성이 담긴 흙 영양제야말로 땅의 보약이에요.

짚, 풀, 낙엽이나 가축의 배설물을 썩혀 만든
퇴비뿐만 아니라 쌀겨, 효소, 깻묵 등을 뿌려
흙을 기름지게 만들기도 해요.

화분에 흙과 지렁이를 담고 음식물 찌꺼기를
놓아두면, 지렁이가 음식물 찌꺼기를 먹고 영양가
가득한 똥을 누어요. 그 똥이 흙을 기름지게 만들지요.
이 흙을 텃밭에 뿌리면 채소들이 잘 자라요.

흙으로 만드는 다양한 것들

흙은 식물, 동물, 미생물 등 다양한 생명체가 크는 터전이에요.
이런 흙으로 다양한 것을 만들 수도 있지요.
흙으로 화장품을 만든다는 사실을 알고 있나요?
파우더, 립스틱 같은 화장품에 곱돌이라는
돌을 곱게 갈아서 넣지요.
물에 잘 녹지 않고 피부에 부드럽게
퍼지는 효과가 있답니다.

흙을 주 재료로 만든 화장품들도 있어요. 흙은 아토피에 좋아 천연화장품 등에 자주 쓰이지요.

흙 크림   머드 팩   황토 비누

찰흙으로 이것저것 만들어 소꿉장난을 해 본 적이 있나요?
흙으로 그릇과 도자기도 만들고,
벽에 붙이는 타일이나 유리, 악기도 만들 수 있어요.

우리가 흔히 문구점에서 구입하는
찰흙은 흙 알갱이가 가장 작은 점토가
60퍼센트 이상 들어 있는 흙이에요.
알갱이가 작아서 서로 잘 달라붙지요.

넌 찰흙으로
뭘 만들 거야?

진흙을 빚어 높은 온도에서 구우면 화분과
항아리를 만들 수 있어요. 1000도씨
이상에서 구우면 그릇이나 타일이 되지요.
유리는 모래를 아주 높은 온도에서
구워 만들어요.

화분·항아리
800℃

그릇·타일
1300℃

유리병·유리그릇
1450℃

훈은 흙으로
구워 만든 관악기지.

부는 흙을 구워 만든
질화로 모양의
중국 고대 악기란다.

오카리나 소리가
참 맑구나.

오카리나와 훈과 부처럼
진흙을 구워 만든 악기는
소리가 맑고 좋아요.

흙으로 집을 짓기도 해요.
흙 알갱이 사이에는 맨눈으로
볼 수 없는 아주 작은 공간들이 있어
적당한 습도를 유지하고 온도가 급격히
변하는 것을 막아 주어요. 그래서
흙집을 살아 숨 쉬는 집이라고 하지요.

얘들아, 숨을 크게 들이마셔 봐. 느낌이 어때?

선생님, 집이 시원해요.

사막에서는 흙으로 집을 지어요. 가장 구하기 쉬운 재료이거든요. 사막 집은 기온이 높은 낮에는 뜨거운 열기가 들어오지 못하게, 기온이 낮은 밤에는 열기가 빠져나가지 못하게 벽을 두껍게 하고, 창을 작게 만들어요.

작은 흰개미들이 지은 흙집은 매우 단단하여 잘 부서지지 않아요. 집 안의 온도는 바깥 온도와 상관없이 항상 30도를 유지한답니다.

흰개미는 땅속, 나무속뿐만 아니라 땅 위에 집을 짓기도 해. 땅 위에 지은 집은 개미탑이라고 하지. 큰 것은 높이가 6미터가 넘어.

흙물이 하얀 옷에 물들면 잘 빠지지 않아요.
그래서 흰옷을 즐겨 입던 우리 조상들은 아예 흙물을 들이기도 했어요.
때도 안 타고, 옷이 닿는 피부에도 좋았거든요.
흙을 가까이하고 흙을 건강하게 지키면 우리 삶도 건강해져요.

다양한 흙 색에 따라 천에 물드는 색깔도 달라요.

붉은 흙물 들인 옷

황토물 들인 옷

중국 광둥성 순더 지역에서 나는 고급 비단인 향운사는 진흙으로 염색한 천이에요.

검은 진흙 물 들인 옷

흙에서 나는 냄새

숲속에 들어가면 풋풋하고 싱그러운 흙냄새가 나요. 흙 가까이 코를 대고 깊은 숨을 들이쉬면 건강해지는 느낌이 들지요. 무더운 여름날 흙 마당에 물을 뿌리면 흙냄새를 맡을 수 있어요. 이런 흙냄새는 흙 속에 있는 유기물에 붙어사는 방선균이라는 미생물 냄새예요.

방선균

재미난 흙 놀이

흙은 어디에나 있지만, 막상 흙을 만지는 일은 별로 없어요. 흙에 물을 부어 반죽하여 진흙이 되면, 아주 훌륭한 놀잇감이 되어요. 흙물을 들여 예쁜 옷감도 만들 수 있지요.

흙 물감으로 그림 그리기

❶ 플라스틱 통에 흙을 담아요. 찰흙이 많을수록 색깔이 선명하답니다.

❷ 장소에 따라 흙 색깔도 달라요. 여러 색깔의 흙을 각각 통에 담아 물을 섞어 흙 물감을 만들어요.

❸ 흰 종이에 마음껏 그림을 그려요. 신나게 손도장, 발도장도 찍어요.

꿈틀꿈틀 흙 지렁이 만들기

① 마른 흙에 물을 적절히 섞어서 부드럽게 뭉쳐요.

② 진흙이 된 흙을 손으로 조물조물 반죽하면 찰기가 생겨요.

③ 흙 속에 사는 지렁이를 떠올리며 양 손바닥으로 비비면서 길게 길게 만들어요.

④ 지렁이 몸에 주름도 그려 넣어요.

⑤ 누가 더 긴 지렁이를 만들었는지 겨루어 보아요.

황토물로 손수건 염색하기

❶ 황토와 천 준비하기 : 황토는 물기가 많은 점토질이 좋아요. 천은 면 종류가 좋아요.

❷ 황토물 만들기 : 황토를 따뜻한 물에 풀어 덩어리를 부수어요. 맑은 황토물이 위에 뜨면 따로 분리해요. 맑은 황토물을 햇볕에서 일주일, 그늘에서 일주일 정도 두어요.

❸ 물들이기 : 황토물에 소금을 약간 넣고 끓여요. 꼬들꼬들 말린 흰색 티셔츠나 면 수건을 황토물에 넣고 20분 정도 골고루 주무르다가 햇볕에 말려요. 이 과정을 여러 번 반복해요. 골고루 염색이 된 것 같으면 바짝 말렸다가 황토물이 나오지 않을 때까지 빨아서 말려요.

❹ 고무줄이나 나무젓가락으로 무늬를 만들 수도 있어요. 묶은 모양의 무늬나 젓가락 자국이 남는 무늬 염색이지요.

두꺼비 집 짓기

❶ 모래나 흙이 있는 바닷가나 냇가, 혹은 놀이터에 가요.

❷ "두껍아 두껍아 헌집 줄게 새집 다오" 노래를 부르며 땅바닥을 우묵하게 파요. 그런 다음 한 손은 그 안에 넣고, 다른 한 손으로 모래나 흙을 덮어 가며 집을 지어요.

❸ 둥그런 집 모양을 토닥토닥 두드려 단단하게 만들어요.

❹ 두꺼비 집이 무너지지 않게 넣은 손을 살살 빼요.
*흙에 물을 뿌려 주면 두꺼비 집이 더 튼튼히 만들어져요.

흙도 소화 불량을 일으켜요

흙에는 무엇이든 분해하는 능력이 있는 미생물이 가득해요.
죽은 곤충이나 낙엽이 썩어서 흙이 되는 걸 보면 알 수 있지요.
그래서 사람들은 쓰레기를 마구 땅에 묻어 버려요.
하지만 흙도 한계가 있답니다. 식물이 좋아하는 비료도 너무 주면 탈이 나지요.
마치 우리가 과식하면 배탈이 나는 것처럼 흙도 탈이 나서 오염이 되고 말아요.

흙이 고통스러워해요
비닐, 유리, 플라스틱, 철 등은 영원히 흙 속에 남아요.
미생물이 분해할 수 없는 것들이에요.
가정에서 버리는 생활 쓰레기에서부터 공장에서
버리는 폐기물까지 흙을 오염시키는 원인은
정말 다양하지요.

흙이 오염되는 것은 눈에 띄지 않기 때문에, 사람들은 그 심각성을 잘 몰라요.
땅이 오염되면, 땅에서 자란 식물이 오염되고, 그것을 사람과 동물이 먹지요.
몸에 해로운 구리, 아연, 납과 같은 중금속은 흙 속에 남아 있다가
곡식과 채소를 통해 우리 몸으로 들어와 쌓여요.
흙이 오염되면, 물과 공기까지 오염되지요.
한번 오염된 흙은 쉽게 깨끗해지지 않는답니다.

흙이 오염되지 않게 잘 치워 줘.

내가 버린 쓰레기는 내가 치워요
과자 봉지, 음료수 캔을 아무 데나 버리고 온 적이 있나요?
그것들이 모두 흙을 오염시켜요.
쓰레기는 꼭 챙겨 와서 분리해 버리는 습관을 들여요.

작가의 말

우리를 둘러싸고 있는 자연은 무엇일까요? 물과 공기, 그리고 흙이 아닐까요? 나무와 풀도 있다고요? 그렇지요. 그럼 나무와 풀은 어디에서 자라나요? 잘 보면 흙에 뿌리를 박고 자라는 걸 알 수 있어요. 그래서 우리는 흙에 대해 알 필요가 있지요. 흙에 대해 말해 보라고 하면, 초등학생은 물론 심지어 흙이 일터라고 하는 농부들도 아는 것이 거의 없어요. 그도 그럴 것이 땅은 우리가 볼 수 없는 부분이 훨씬 많고 넓기 때문이에요. 물과 공기가 없으면 살 수 없듯이, 흙이 없어도 우리는 제대로 살 수 없답니다. 어떤 곳에서는 갈대를 엮어 물 위에 집을 짓고, 갈대 매트 위에서 채소도 길러 먹어요. 그런데 알고 보면 그 갈대도 흙에서 자라고, 갈대 위에서 자라는 채소도 호수 밑에 가라앉아 있는 흙을 퍼 올려 기르는 거랍니다.

흙 속을 들여다보면 놀라운 사실이 참 많아요. 흙은 엄마처럼 여성적인 성질을 띠고 있거든요. 그래서 무엇이든 받아들이고 싹을 틔우지요. 사람들이 해로운 것을 버려도 흙은 넉넉하게 품어 탈이 안 나게 해 주어요. 그런데 사람들은 그 점을 지나치게 믿고 쓰레기를 버리는 바람에 흙이 병들었어요. 그렇게 탈이 난 흙은 채소나 곡식을 키워 내지 못하지요. 흙을 제대로 알려면 여러 방법이 있어요. 농업기술센터는 흙을 무료로 분석해 주어요. 농업에 첨단과학이 접목되어 토양병원도 생겨났지요. 토양 과학자들은 흙을 분석해서 그 흙에 알맞은 비료의 양을 정해 주고, 병이 나서 농사짓기가 어려워진 흙을 치료해 주어요. 그 때문에 농부는 안전하게 농사를 지을 수 있지요.

흙 속 세상에서는 매일매일 놀라운 일들이 일어나고 있어요. 이런 일들을 과학적으로 분석해서 농사가 잘 되도록 여러 사람들이 애쓰고 있답니다. 흙과 자연에 살면서 건강한 먹을거리를 생산하는, 흙을 사랑하는 농부들이 더 많이 생겨나길 바라봅니다.

— 이완주(토양병원 원장, 국제사이버대학 교수)

네버랜드 자연학교 (전12권) | 네버랜드 자연학교는 우리를 둘러싼 자연과 환경을 보고, 이해하고, 활동하며 생각을 키워 줍니다. 나아가 자연과 더불어 사는 삶으로 이끌어 줍니다.
구성 : 바다 | 숲 | 강 | 습지 | 논과 밭 | 나무 | 씨앗 | 풀 | 돌 | 흙 | 물 | 에너지

초판 제1쇄 발행일 2017년 6월 10일
초판 제5쇄 발행일 2022년 11월 1일
글 이완주 그림 한상언
발행인 윤호권 발행처 (주)시공사
주소 서울시 성동구 상원1길 22
전화 문의 02-2046-2800
홈페이지 www.sigongsa.com/www.sigongjunior.com

글 ⓒ이완주, 2017 | 그림 ⓒ한상언, 2017

이 책의 출판권은 (주)시공사에 있습니다.
저작권법에 의해 보호를 받는 저작물이므로, 무단 전재와 무단 복제를 금합니다.
ISBN 978-89-527-8223-6 77400 ISBN 978-89-527-8219-9(세트)

홈페이지 회원으로 가입하시면 다양한 혜택이 주어집니다.
잘못 만들어진 책은 구입하신 곳에서 바꾸어 드립니다.